ພວກເຮົາມາງູແຂ້ວນຳກັບເທາະ

ຂຽນໂດຍ: ແຊນດີ້ ມັນຄາດເຕີ
ຮູບໂດຍ: ໂຈອານ ຄາວ ຊິກູຣາ

Library For All Ltd.

ພວກເຮົາມາຄູແຂ້ວນຳກັບເກາະ

ຈັດພິມຄັ້ງທຳອິດໃນປີ 2019. ແປ ແລະ ຈັດພິມໃນ ສປປ ລາວ ປີ 2019.

ຈັດພິມໂດຍ: ຫ້ອງການ Library For All
ອີເມວ: info@libraryforall.org
URL: libraryforall.org

ປຶ້ມພາສາລາວເຫຼັ້ມນີ້ ຖືກສະໜັບສະໜູນໂດຍການຮ່ວມມືຂອງ

ຮູບແຕ້ມຕົ້ນສະບັບໂດຍ ໂຈອານ ຄາວ ຊິກູຣາ

ພວກເຮົາມາຄູແຂ້ວນຳກັບເກາະ
ມັນຄາດເຕົ່, ແຊບດິ
ISBN: 978-9932-09-033-4
SKU00829

ພວກເຮົາມີແຮ້ວ.

ແຂ້ວໃຊ້ໄວ້ຍ້ຳ.
ຍ້ຳ! ຍ້ຳ!

ອາຫານເຮັດໃຫ້ແຂ້ວຂອງເຮົາເປື້ອນ.
ໂອຍ! ເປື້ອນແທ້!

ມາເຮັດໃຫ້ແຂ້ວຂອງພວກເຮົາ
ສະອາດໄປນຳກັບເທາະ.

ແຂ້ວສະອາດ ຈະເຮັດໃຫ້ແຂ້ວແຂງແຮງ.

ເຈົ້າຕ້ອງໄດ້ໃຊ້ ແປງຖູແຂ້ວ ແລະ ຢາສີແຂ້ວ.

ອ້າປາກໃຫ້ກວ້າງໆ!

ຄູແຂ້ວຂອງເຈົ້າ.

ຄູກັບໄປ ແລະ ກັບມາ! ຄູທາງລຸ່ມ ແລະ
ທາງເທິງ! ຄູໃຫ້ກ້ອປາກ!

ຂ້ອນປາກ ແລະ ລ້າງອອກ.

ຕອບນີ້ແຂ້ວຂອງເຈົ້າສະອາດດີແລ້ວ.

ຂໍ້ມູນທາງບັນນາບຸກົມຂອງຫໍສະໝຸດແຫ່ງຊາດ

ແຊນດິ ມັນຄາດເຕິ

ພວກເຮົາມາຫຼູແຂ້ວນຳກັບເທາະ 1 / ໂດຍ ແຊນດິ
ມັນຄາດເຕິ. -- ວຽງຈັນ: ມັກອ່ານ, 2020

26 ໜ້າ: ພາບປະກອບສີ; 21 ຊມ
1. ວັນນະກຳສຳລັບເດັກ
I. ຊື່ເລື່ອງ

808.899282 – dc21
ISBN 978-9932-09-033-4
ເລກທະບຽນພິມຈຳໜ່າຍ: ຕາມທບ 116 ພຈ 03022020

ກ່ຽວກັບຜູ້ຊ່ວຍ

ອົງການ Library For All ເຮັດວຽກກັບນັບດານັກຊຽນ ແລະ ນັກແຕ້ມ ຈາກທົ່ວໂລກ ເພື່ອສ້າງສັບພິນງານ ນິທານທີ່ຫຼາກຫຼາຍ ມີຄຸນນະພາບສຳລັບເດັກນ້ອຍ. ນິທານເລື່ອງນີ້ໄດ້ຮັບການຊຽນຂຶ້ນ ໃນລະຫວ່າງການຝຶກ ອົບຮົບອາສາສະໝັກນັກຊຽນທີ່ຈັດໂດຍອົງການ Library For All ທີ່ເມືອງພອດ ມອສນີ, ປະເທດປາປົວນິວກີນີ.

ທ່ານສາມາດເບິ່ງຂໍ້ມູນເພີ່ມເຕີມ, ຂ່າວສານຫຼ້າສຸດ ແລະ ໂອກາດຕ່າງໆ ສຳລັບນັກຊຽນໄດ້ທີ່ເວັບໄຊທ໌ libraryforall.org

ທ່ານມັກປຶ້ມເຫຼັ້ມນີ້ບໍ່?

ທ່ານສາມາດອ່ານປຶ້ມແບບນີ້ໄດ້ເພີ່ມເຕີມ
ທີ່ຜະລິດໂດຍອົງການ Library For All

ອົງການ Library For All ຜະລິດສື່ການອ່ານ ທີ່ມີຄຸນນະພາບ
ເໝາະສົມກັບອັດທະຍາໄສໃນເພື່ອການສຶກສາ ໂດຍນຳໃຊ້ນະວັດຕະ
ກຳແຮັບພິເສດຂັ້ນທ້ອງສະໝຸດແບບອິນດິຈິຕອລ. ພວກເຮົາເຮັດວຽກຮ່ວມ
ກັບນັກຂຽນໃນທ້ອງຖິ່ນ, ຄູອາຈານ, ທີ່ປຶກສາດ້ານອັດທະຍາໄສ,
ລັດຖະບານ ແລະ ອົງການຈັດຕັ້ງທີ່ບໍ່ຂຶ້ນກັບລັດຖະບານ
ເພື່ອມອບຄວາມສຸກຂອງການອ່ານໃຫ້ແກ່ເດັກນ້ອຍ ທຸກໆແຫ່ງ.

ມາອ່ານນຳກັນເທາະ!
libraryforall.org